LA FAUTE DE L'ORTHOGRAPHE

Cet ouvrage est l'adaptation du spectacle *La Convivialité*, créé en septembre 2016 au Théâtre National Wallonie-Bruxelles par la Compagnie Chantal & Bernadette.
www.laconvivialite.com

Remerciements, dans le désordre, à Marc Wilmet, Dan Van Raemdonck, Jean-Marie Klinkenberg, Philippe Blanchet, Jean-Louis Dufays, Georges Legros et Marie-Louise Moreau, à Arnaud, Clément, Dom, Anaïs et Antoine, à Florent et Sylvain, à Cora-Line et Julien, à Antoni, à Laurent et Olivier, à Alexandre, Jean-Louis Colinet et l'équipe du Théâtre National Wallonie-Bruxelles, à Jean-Michel et au théâtre de l'Ancre de Charleroi, à la Zouze et au théâtre La Cité à Marseille, à Nathalie Marchal, à la Direction de la langue française et au Service du théâtre de la Fédération Wallonie-Bruxelles, à l'Institut Don Bosco Val d'Or, à Elena et Nath, à Chantal, à Bernadette.

Design graphique : Nicolas Callandt
Relecture : Marie Delaby

Couverture :
Roland Topor, *Dessin de presse*, © ADAGP, Paris, 2017.

4, impasse de Conti
75006 Paris, France
www.editionstextuel.com

ISBN : 978-2-84597-641-2
Dépôt légal : octobre 2017

L A   C O N V I V I A L I T É

LA FAUTE DE L'ORTHOGRAPHE

ARNAUD HOEDT
JÉRÔME PIRON

ILLUSTRATIONS
KEVIN MATAGNE

textuel

PRÉFACE

Soyez les bienvenu·e·s.

L'orthographe du français est un sujet à part entière.

C'est même un sujet entièrement à part.

Bricolée par petits morceaux à partir du XVIIe siècle, installée progressivement à partir du XIXe, rigidifiée et imposée en bloc à partir du XXe, légèrement assouplie sur les bords d'un bout à l'autre du même XXe siècle, l'orthographe française n'est pas un produit fini. Elle est, depuis ses débuts et encore aujourd'hui, en cours de fabrication.

Comme tous les systèmes d'écriture, celui qui sert à écrire du français est un instrument inventé par des humains pour transcrire une langue. Comme toute langue, le français est avant tout, sur tous les plans (son histoire, son apprentissage, ses usages...), de l'oral.

Seulement voilà, comme toute invention humaine, l'orthographe est évidemment imparfaite : marquée d'erreurs, d'incohérences, de tâtonnements oubliés dans ses recoins, d'incongruités bizarres ou d'absurdités énormes, d'idéologies, de croyances, de superstitions…

Et comme toute invention humaine, certains individus et certains groupes s'en sont emparés pour la manipuler, au mauvais sens du terme : la compliquer tout exprès pour la rendre difficilement accessible à la majorité des gens, pour en faire un instrument de sélection et d'inégalité, de distinction, de pouvoir… En faire un emblème aussi : de la langue elle-même, avec laquelle elle est souvent confondue, d'une identité nationale fondée sur une langue unique et son habillage méritocratique, d'une adhésion ou d'une soumission à des normes sociales, d'une éducation réussie ou d'une éducation tout court… La langue française est ainsi devenue un totem que l'on révère religieusement et son orthographe en est le cœur sacré.

Au point qu'il est devenu presque sacrilège de ne pas la « respecter », de la transformer, de la remettre en question, et même tout simplement d'en parler de façon distanciée. On est très vite dans le passionnel, rarement dans le rationnel. On dépense un temps, une énergie, des moyens gigantesques pour apprendre et utiliser, pour conserver et sanctuariser, cette orthographe problématique. Sans oser franchir le pas de régler le problème en corrigeant l'orthographe plutôt que celles et ceux qui écrivent. Il suffit pourtant de comparer posément cette orthographe à celles d'autres langues comparables au français pour se dire que... « Comparer ? *Vade retro, Satanas !* Aucune comparaison n'est envisageable ! Le français est une langue à part, une langue supérieure à toutes les autres... » Et la boucle du pseudoraisonnement, circulaire, est bouclée. Circulez, y a rien à voir.

Si, pourtant, il y a à voir.

Il y a le travail rigoureux des historien.ne.s de la langue française et de son orthographe ; il y a l'analyse scientifique du système graphique du français réalisée par des spécialistes de sciences du langage ; il y a l'observation critique des usages et des enjeux sociaux de l'écriture en français par des chercheur·e·s en sociolinguistique ; il y a l'étude des difficultés d'apprentissage de cette orthographe par des psycholinguistes ; il y a des comparaisons méthodiques entre langues et systèmes graphiques... Mais tout ça est peu connu, difficile à lire, difficile à entendre après des décennies d'adoration et des années de dictées ; mais tout ça est maudit par les gardien.ne.s du temple et tenu à l'écart.

Alors c'est autrement qu'il faut donner à voir ces connaissances, les mettre en lumière face aux croyances, provoquer la réflexion. Avec des mots simples, de l'humour, des exemples concrets et précis, des jeux, des expérimentations, des pas de côté, de la participation, de l'imagination. Doucement, efficacement, plaisamment. C'est par le théâtre que Jérôme, Arnaud et leur équipe ont réussi. Le théâtre, c'est du texte et plus encore : de la mise en scène, du jeu, de l'inventivité, surtout quand il est belge.

Il y a une tendance chez les Belges à s'autoriser une liberté d'esprit, de ton, de création, avec une chaleureuse simplicité, que l'on trouve rarement en France. Ça se manifeste beaucoup dans le théâtre belge, dans le cinéma aussi. Y compris par rapport à la langue française, insérée dans un plurilinguisme reconnu – mais compliqué –, peu ou pas investie de la sacralisation patriotique qu'on lui colle en France. Il y a une sorte de latéralité belge qui facilite la démarche du pas de côté, de l'écart. Et ça change le point de vue, le regard, les points de repère. Ça éclaire les points aveugles. Ce n'est pas par hasard que la Belgique francophone a adopté très vite et officiellement les rectifications de l'orthographe de 1990. On plaisante en Bretagne, mon pays d'adoption, en disant que la France est un petit pays coincé entre la Bretagne et la Belgique (qui sont de taille et de marginalité comparables). En fait, c'est pas une blague.

Quand je suis allé voir la pièce à Bruxelles, je me suis régalé de la drôlerie du spectacle, de ses inventions inattendues, de la qualité du texte, des effets positifs sur l'auditoire. À chaque nouveau point abordé, et brillamment, je me disais : « Ça non plus ils l'ont pas oublié ! » C'est que les auteurs se sont très bien informés. Ils ont tout lu ou presque des travaux scientifiques sur la question, travaux belges souvent. Ils ont tout compris, l'ont intégré, l'ont reconfiguré en un texte qui réussit cet exploit de dire de façon claire, percutante et amusante des choses complexes, difficiles et agaçantes.

Ils nous invitent enfin à répondre à cette double question à la fois pratique et fondamentale :

L'orthographe est-elle un instrument à notre service ? Pour quel projet de société ? Et du coup comment l'améliorer pour la rendre plus conviviale[1] ?

Ou bien :

Sommes-nous asservi·e·s par cet instrument au profit d'un certain projet de société et du coup, pourquoi est-ce que nous acceptons cette instrumentalisation qui nous fragilise en nous maintenant dans la peur permanente de la Faute ?

Eh oui... Et tout ça avec un sourire pétillant d'intelligence !

Philippe Blanchet

Professeur de sociolinguistique
à l'université Rennes-2,
Bretagne, France

1 Pour ma part, je suis clairement favorable à une refonte radicale de l'orthographe du français, inspirée par celles de l'italien et du provençal, mes deux autres langues premières. Ou du corse, de l'espagnol et du portugais, autres langues romanes aux écritures presque idéales. J'applique bien sûr les rectifications de 1990.

Fini le baratin. L'écriture ne constitue ni la finalité ni la nature première de l'idiome. Inutile d'alourdir la plume par une pénible fioriture. Si le code s'améliore, il existera une manière directe de traduire le son par le signe, libre de toute morale.

Dictée

VOUS SURVEILLEZ VOTRE ORTHOGRAPHE ?

VOUS SURVEILLEZ L'ORTHOGRAPHE DES AUTRES ?

En français, on est particulièrement peu exigeant avec l'orthographe.

Enfin, on est exigeant avec votre orthographe.

Ou avec la nôtre.

Ou avec celle de Kevin, celui qui dessine, qui a une orthographe bien à lui. En fait, c'est pour ça qu'il dessine.

Non, on est peu exigeant avec l'orthographe elle-même.

On juge souvent votre orthographe.

On ne juge jamais l'orthographe.

Il ne s'agit pas de juger la langue, mais bien de juger son orthographe.

Les francophones confondent souvent l'orthographe et la langue. Mais l'orthographe, c'est l'écriture de la langue, pas la langue elle-même.

Et ce n'est même pas l'écriture en termes de style ou de qualité de phrase. C'est le code graphique qui permet de transmettre, de retranscrire la langue orale.

Comme les partitions sont au service de la musique, l'orthographe n'est qu'un outil au service de la langue.

Mais si c'est un outil...

L'ORTHOGRAPHE FRANÇAISE EST-ELLE UN BON OUTIL ?

Prenons par exemple le son /s/. Comment peut-on écrire ce son en français ?

1. *s*
2. *ss*
3. *c*
4. *ç*
5. *sc*
6. *t* (-tion)
7. *x* (dix, six)
8. *z* (quartz)
9. *th* (forsythia)
10. *sth* (asthme)
11. *cc* (succion)
12. *sç* (il acquiesça)

Par contre, si vous voyez la lettre *s* écrite, comment peut-elle se prononcer ?

1. /s/
2. /z/ (entre deux voyelles)
3. Ø (muet)

Un son, douze manières de l'écrire. Une lettre, trois façons de la prononcer.

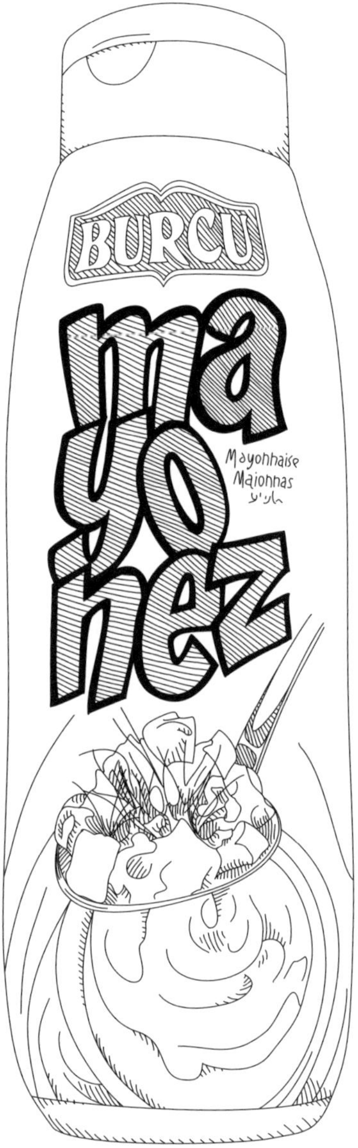
BURCU
mayonez
Mayonnaise
Maionnas

En turc, l'orthographe est parfaitement phonétique.

une lettre = un son

un son = une lettre

Donc, en turc, quand vous entendez un mot pour la première fois, vous savez automatiquement comment il s'écrit.

Dr.Oetker
Patisserie
EKLER
12 ADET
Pişirme kagıdı ilavelidir.
Servis önerisidir.

C'est aussi le cas de nombreuses autres langues telles que le croate, le finnois, l'estonien, le bulgare, le tchèque, le slovaque et c'est pratiquement le cas du grec, de l'italien, de l'espagnol, de l'allemand, du norvégien, du polonais, du portugais, du néerlandais ou du suédois.

Comparons à présent avec le français. En français, si on inventait un mot qui n'existe pas, comme le mot /krèfission/[1], de combien de manières différentes pourrait-on écrire ce nouveau mot en français ? Pour répondre à cette question, Kevin, celui qui dessine, a écrit un algorithme. Ce programme permet de calculer toutes les orthographes possibles du mot /krèfission/ en français.

1 On aurait pu prendre /saldebichage/, /bourbater/, /plutantisme/, /chervèlement/, /toufèterie/...

```
foreach (['k','c','ch'] as $k) {
 foreach (['r'] as $r) {
  foreach (['ai', 'è'] as $ai) {
   foreach (['f','ff','ph'] as $f) {
    foreach (['i','y'] as $y) {
     foreach (['ss','c','t','sc'] as $s) {
      foreach (['I'] as $i) {
       foreach (['on','ond','ont'] as $on) {
        $result  = $k.$r.$ai.$f.$y.$s.$i.$on;
        if (!preg_match('/ffy|fy|tiond|tiont/', $result)) {
         echo preg_replace('/èff/', 'eff', $result). ''\n'';
        }
       }
      }
     }
    }
   }
  }
 }
}
```

chraifisciont	chraifissiont	chrèfisciont	krèphyssiond
craiphisciond	craiphiciond	krèphytion	chrèficion
chraiphisciont	chrèphyssion	craiphycion	crèphiciond
craificiond	crèfission	chrèphytion	kraiphission
chrèfissiont	chraiffisciont	kraifficiont	kraiphyssion
craiffissiont	craifissiond	chrèphyssiont	kreffissiont
chreffition	crèfisciont	craiphition	krèphisciond
kraiphyssiont	chraiphission	krèphysciont	kraiphyciont
craiphiciont	chrèficiont	crefficiond	creffissiond
craifition	krèphyssion	krèphiciond	chraiphicion
kraiphicion	chraiphysciont	krèficion	crèficiont
craiphyscion	crèphytion	crèphisciont	crèphiciont
krèphissiond	crèphition	chrèphition	kreffition
chraifission	kraifition	chrèphisciont	crèficion
krèphyciond	kraiphycion	kreffiscion	chrefficion
chraiffiscion	kraifisciond	krèphissiont	krèphyscion
krèfission	crèphyciont	craiphyssion	craiphyssiond
chrèphyciond	kraiphyciond	kraiffition	craiphisciont
chrèphisciond	krèphission	kraiphytion	kraifissiond
craiphissiont	krèphysciond	crèfissiont	craiphyciont
krèphycion	chreffissiont	crefficiont	chrèficiond
chrèphiciont	chraiphissiond	kraiffiicond	krèfisciont
kraifission	crèphyssiond	chraiphycion	chraifisciond

kreffission
kraiphyscion
crèfition
chraiphissiont
kraiphition
kraifisciont
chrèphissiont
chraiphyscion
creffissiont
krèfissiond
kraiphisciont
crèphissiont
chraificiont
chraiphyssiont
crèfiscion
craiffisciond
chraiphysciond
crèphission
kreffisciont
krèficiond
chrèfition
crèphysciont
kraifiscion
kraificiond
craiffissiond
chrèphission
craifficiond
kraiffisciont
crèfisciond
chrèphyssiond
chraifficion
kraifficion
kraiffisciond
kreffisciond
chraiphisciond
chrèphicion
chrèfissiond
krefficiont

craiphyciond
chraiphiciond
craiphysciont
craiphissiond
krèfisciond
crèphiscion
creffition
chrefficiond
crèficiond
craifficion
kraificiont
craiphysciond
craiphytion
craiphicion
chraifissiond
chreffiscion
craificiont
crèphycion
chreffisciond
crèfissiond
kraiphiscion
craificion
chrèphycion
chrèfisciond
crèphyssiont
chrèphissiond
kraificion
chraifficiond
craiphission
krèphicion
krèfissiont
kraiffiscion
krèficiont
chraiffissiont
chraificiond
craiffisciont
craifisciond
krèphyciont

kraiphiciond
chreffisciont
craiphyssiont
krèfition
krèphition
craifisciont
krèphyssiont
craifission
chraiphyciont
kraifissiont
chrefficiont
krefficiond
craiphiscion
chraiphyciond
craifiscion
chraifficiont
krèfiscion
chrèfiscion
chraifition
chraiphytion
krèphiciont
krefficion
chraiphiscion
crèphissiond
chraiphition
crèphyssion
chraiffisciond
kraiphysciond
chraiphyssion
chrèphiscion
craiffission
creffisciond
crefficion
kraiphyssiond
creffiscion
chrèphiciond
chrèphysciont
krèphisciont

kraiphisciond
kreffissiond
crèphyscion
kraiffission
chraiphiciont
craiffiscion
chraificion
kraiphiciont
kraiphissiont
kraiffissiond
creffisciont
chraiffition
crèphisciond
craifficiont
chreffission
kraiphysciont
crèphicion
chrèphyscion
chreffissiond
chrèfission
chraiphyssiond
crèphysciond
crèphyciond
craiffition
chrèphyciont
craifissiont
chrèphysciond
chraiffissiond
chraifiscion
creffission
chraiffission
kraiphissiond
krèphiscion
kraiffissiont

----

result : 240

On se demande souvent comment respecter l'orthographe, mais l'orthographe elle-même est-elle respectable ?

En français on écrit *bruit*, *édit* ou *crédit* avec *t* pour faire *bruiter*, *éditer* ou *créditer*, mais pas *abri*.

On écrit *dix* avec un *x* qu'on prononce /s/, alors qu'on écrit une *dizaine* avec un z et un *dixième*, qu'on écrit *x*, mais qu'on prononce /z/.

On écrit *contraindre* avec *ai*, *astreindre* ou *restreindre* avec *ei*, alors qu'ils viennent tous les trois de *stringere* en latin.

On écrit *poids*, avec un *d*, alors qu'il vient de *pensum* en latin.

Le mot *monsieur* est le seul mot de la langue française où on écrit le son /e/ avec *on*, le son /eu/ avec *eur*.

En français, il y a beaucoup de lettres qu'on ne prononce pas. Prenons les consonnes, par exemple. Il n'y en a que trois qui doivent toujours se prononcer (qui ne peuvent jamais être muettes) : le *j*, le *k* et le *v*.

Ça veut donc dire que toutes les autres peuvent être muettes.

Exemple : Le *b* muet de *plomb*.

1. Le c de ...
2. Le d de ...
3. Le f de ...
4. Le g de ...
5. Le h de ...
6. Le l de ...
7. Le m de ...
8. Le n de ...
9. Le p de ...
10. Le q de ...
11. Le r de ...
12. Le s de ...
13. Le t de ...
14. Le w de ...
15. Le x de ...
16. Le z de ...

Réponses : 1. *Tabac*, *croc*... 2. *Profond*. 3. *Cerf*. 4. *Doigt*. 5. Ben tous les mots en *h* ?... 6. *Gentil*. 7. *Condamné*. 8. *Colonne* (un des deux *n* au choix). 9. *Baptême*. 10. *Jacquard*. 11. *Monsieur* (!). 12. *Près*. 13. *Prêt*. 14. *Bungalow*. 15. *Chevaux*. 16. *Nez*.

Ce sont souvent les lettres qu'on utilise pour marquer les pluriels qui sont muettes en français. Le problème, c'est qu'on en utilise beaucoup.

> *Les grosses chaussettes que j'ai achetées sont bien chaudes.*

Six marques du pluriel pour deux pauvres chaussettes.

> *De dikke sokken die ik heb gekocht zijn heel warm.*

En néerlandais, il n'y a que deux marques du pluriel dans cette phrase. Le sujet et le verbe.

Une autre particularité de l'écriture du français : l'utilisation des consonnes doubles.

alléger	*alourdir*
charrette	*chariot*
résonner	*résonance*
siffler	*persifler*

Traditionnellement, la *confiture de groseilles* prend un *s* à *groseilles* parce qu'en gros, on aperçoit la forme des fruits.

Alors que la *gelée de groseille*, qui est une masse informe, ne prend pas de *s* à *groseille*.

Donc la présence du *s* dépend du temps de cuisson.

En français, il existe des pluriels en *x*. Pourquoi ?

Au Moyen Âge, tous les mots au pluriel se terminent par la lettre *s*, en toute logique. Donc le mot *cheveux* s'écrivait comme ceci :

cheveus

À l'époque, il y a une finale qui est plus fréquente que les autres, c'est *us*. Beaucoup de mots se terminent par ces deux lettres parce que ça vient du latin. Les moines copistes, pour aller un peu plus vite ou pour économiser du parchemin, ont utilisé une abréviation pour ce *us* final :

x

Cette abréviation vient d'ailleurs de la contraction du *u* et du *s*. Donc le mot *cheveux* s'écrivait comme ceci :

chevex

Un peu plus tard, des académiciens ont observé les textes anciens pour fixer la norme. Ils sont tombés sur l'abréviation *x* et ils ont cru qu'il s'agissait de la lettre *x*. Du coup, ils ont ajouté un *u* pour coller à la prononciation.

cheveux

Ils avaient oublié que c'était déjà dedans.

cheveuus

Et c'est à cause de cette erreur, à cause de la confusion entre la lettre *x* et l'abréviation *x* qu'on a tous les pluriels en *-x* en français, comme *neveux* ou *chevaux*.

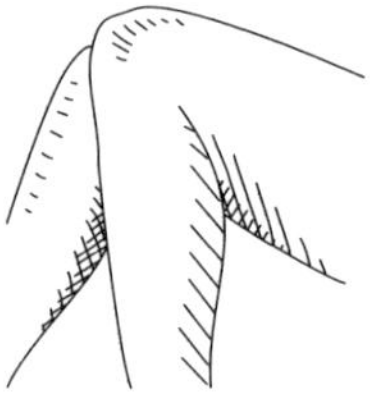
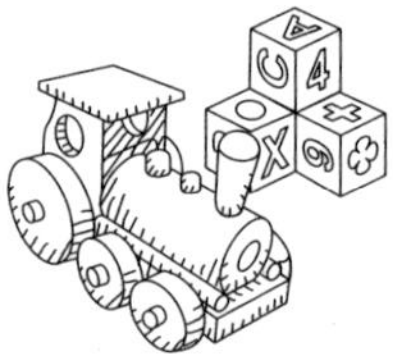
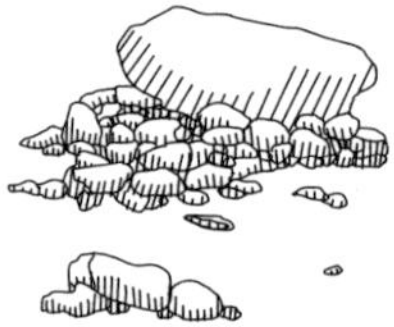

Maintenant, pour les pluriels en *-oux*...

Pourquoi ces sept-là et pas les autres ?

On a cherché. On n'a pas trouvé de raison. Parce qu'il n'y a pas de raison.

Pour chacun, c'est un accident, un oubli.

Employé avec l'auxiliaire *avoir*, le participe passé s'accorde en genre et en nombre avec le complément d'objet direct quand celui-ci le précède : *Les crêpes que j'ai mangées*. Par contre, si le complément d'objet direct suit le participe, il reste invariable : *J'ai mangé des crêpes*. Alors pourquoi ? Pourquoi avant et pas après ?

Toujours au Moyen Âge, les mêmes moines ont des conditions de travail difficiles. Ils travaillent dans des monastères mal chauffés, mal éclairés, avec des plumes d'animaux, à la lueur de la bougie, sous la dictée.

Lorsque le moine écrit :

Les pieds que Jésus a lavés

Un simple regard vers la gauche permet au moine de savoir ce que Jésus a lavé. Il a lavé quoi ? Les pieds. Il accorde. Pas de problème.

Par contre, quand le moine écrit :

Jésus a lavé...

Le moine se dit : « Il a lavé quoi ? Je ne sais pas. Je vais attendre. Ça va surement venir dans la suite du texte. »

... avant la fête de Pâque ...

... sachant que son heure était venue ...

... lorsque le diable avait déjà inspiré
au cœur de Judas Iscariote ...

... fils de Simon ...

... le dessein de le livrer ...

... sur les bords du lac de Tibériade ...

... et patati ...

... et patata ...

... les pieds.

À tous les coups, quand le moine est arrivé à **les pieds**, il a oublié qu'il avait quelque chose à accorder.

Et c'est de l'observation de cet oubli, de cette erreur particulièrement fréquente dans les manuscrits médiévaux, qu'on a tiré la règle.

Voilà pourquoi avant et pas après.

À l'école, les enfants se demandent pourquoi. Pourquoi avant et pas après, pourquoi un *x*, pourquoi pas de *t* ?

Et quand les enfants demandent pourquoi, on leur explique comment. Comment on écrit, comment on accorde. Pourquoi l'esprit critique s'arrête-t-il au seuil de l'orthographe ?

C'est parce qu'on a tous appris à ne plus se demander pourquoi.

Pourtant, l'orthographe ne tombe pas du ciel, comme ça, toute faite.

L'ORTHOGRAPHE A UNE HISTOIRE.

Avant le XVIIe siècle, la question de l'écriture de la langue n'intéresse à peu près que les moines copistes, ou un peu plus tard les imprimeurs. Et ces moines vont être confrontés à un problème.

Au fil de son histoire, le français oral a été influencé par les langues celtiques ou germaniques et on va voir apparaitre un grand nombre de nouveaux sons, qui n'existaient pas en latin (le /an/, le /on/, le /ch/...). Mais les moines n'ont que l'alphabet latin pour les retranscrire.

Ils auraient pu inventer des lettres, comme ça s'est fait dans d'autres langues. Si on avait fait ça, on n'aurait pas eu trop de problèmes d'orthographe. Mais les moines s'en sont tenus à l'alphabet latin parce que le latin, c'est sacré, c'est la langue noble et à l'époque, on est un peu à cheval sur les principes. Ils vont donc faire avec les moyens du bord.

D'abord, ils vont agglomérer des lettres entre elles pour créer des digrammes (*ch* pour /ch/, *an* ou *en* pour /an/...), des trigrammes (*eau* pour /ô/...) voire des tétragrammes (*aing* pour /in/ dans *parpaing*).

On va enfin se mettre à utiliser des accents. C'est à partir de ce moment-là que les imprimeurs se mettent à jouer un rôle. Ils vont plutôt préférer les accents aux agglomérations pour des raisons économiques, parce que ça coute moins cher en caractères d'imprimerie. Ils vont les importer d'Italie ou d'Espagne et parfois même ils vont les inventer.

On va aussi utiliser toutes sortes d'abréviations.

Bref, avant le XVIIe siècle, tout le monde bricole un peu comme il veut. Montaigne, Rabelais avaient leur propre orthographe, qui variait même parfois d'un manuscrit à l'autre ou d'un imprimeur à l'autre.

À la Renaissance, le français se répand. Il va donc falloir enseigner cette orthographe...

Å ȳ p̃

ü è ein

ñ j êi

ë ï

ei

œ̃

ē ā

m̄ m

an r̄ c

aing ain î

e

ai

ù n̄

ô yn

é ꝑ

êu

v̄

ö w

no⁹ ien

u ī

r̃

s â

õ

ôi

ȩ

aon

eû̄

u

ê

th ç *x*

l

Ī

r un

ū

o

v oi oin oing

ôu s

oe z

Ã

um ä

y

ôy

h ã

q

âu ion

à

e q̃ ÿ

Et donc, on va la simplifier.

Et on ne cessera pas de la simplifier au fil des siècles qui suivent.

La Bruyère écrivait **mistère** ou **chaufer**. Corneille écrivait **sifler**, **aranger**. La Fontaine écrivait **diférent**, **tranquile**.

Molière lui-même, dans une des premières éditions du *Misanthrope*, écrivait **misantrope**.

D'ailleurs Molière écrivait **ortographe**.

En fait, aujourd'hui, plus personne ne lit Molière dans l'orthographe de Molière. Elle a été adaptée au fil des siècles par les différentes éditions sans que cela change rien à son œuvre.

Vous constatez donc qu'il ne faut pas confondre l'orthographe et la langue.

Alors d'où vient cette obsession contemporaine pour l'orthographe ?

Le Misantrope

LE
MISANTROPE
COMEDIE.
Par I.B.P. DE MOLIERE.

A PARIS.
Chez IEAN RIBOV, au Palais, vis à vis la Porte
de l'Eglise de la Sainte Chapelle,
à l'Image Saint Louis.

M. DC. LXVII.
AVEC PRIVILEGE DV ROY.

Au XVIIe siècle, on centralise l'État et Richelieu réalise que la langue est un pouvoir. Il crée alors l'Académie française. Elle sera chargée de rédiger un dictionnaire pour fixer la norme.

C'est d'ailleurs à cette époque qu'on invente le mot *orthographe* qui vient de *ὀρθός* qui signifie : droit, correct.

L'Académie va surtout faire de cette norme la marque de l'appartenance à la bonne société, le « bon usage ».

Dans les cahiers préparatoires de ce dictionnaire, il est indiqué que l'orthographe servira à « distinguer les gens de lettres d'avec les ignorans *[sic]* et les simples femmes ».

Pourtant, même après 1694 et la sortie du premier dictionnaire de l'Académie, les Français gardent une certaine distance face à cette norme. La plupart des grands écrivains s'inquiétaient moins que nous de leur orthographe.

L'orthographe de la plupart des livres français est ridicule. [...] L'habitude seule peut en supporter l'incongruité.

Voltaire, *Dictionnaire philosophique*, 1764.

L'orthographe, divinité [...] des sots.

Stendhal, lettre à Pauline, 1804.

C'est en vain que nos Josués littéraires crient à la langue de s'arrêter ; les langues ni le soleil ne s'arrêtent plus. Le jour où elles se fixent, *c'est qu'elles meurent. — Voilà pourquoi le français de certaine école contemporaine est une langue morte.*

Victor Hugo, *Préface de Cromwell*, 1827.

J'aimais les peintures idiotes, dessus de portes, décors, toiles de saltimbanques, enseignes, enluminures populaires ; la littérature démodée, latin d'église, livres érotiques sans orthographe [...].

Arthur Rimbaud, « Alchimie du verbe », 1873.

Épargnons ce temps si précieux qu'on dépense trop souvent dans les vétilles de l'orthographe, dans les règles de la dictée qui font de cet exercice une manière de tour de force et une espèce de casse-tête chinois.

Jules Ferry, *Discours au Congrès pédagogique*, 1880.

Orthographe : Y croire comme aux mathématiques. N'est pas nécessaire quand on a du style.

Gustave Flaubert, *Dictionnaire des idées reçues*, 1913.

Il faut attendre le XIXe siècle pour que l'orthographe devienne une norme incontournable. C'est la bourgeoisie montante qui lui donne ses lettres de noblesse. Elle revendique une orthographe délibérément compliquée. Dans son édition du dictionnaire de 1835, l'Académie française réintroduit des *th*, des *ph*, des consonnes doubles, dont on s'était pourtant débarrassé.

Et surtout, on impose cette orthographe à tous. De plus en plus d'enfants vont à l'école et l'orthographe devient le principal critère de sélection des instituteurs. D'ailleurs, tous les concours d'accès à la fonction publique passent par une dictée.

C'est aussi l'époque de l'avènement des nationalismes et on fait de la langue un enjeu identitaire. On veut un français, le même pour tous, unique et indivisible à l'image de la République, une et indivisible.

L'orthographe comme ciment de la nation.

Et ce ciment a particulièrement bien pris puisque depuis 1835, l'orthographe française n'a pratiquement plus bougé, contrairement aux orthographes des autres pays européens qui évoluent environ tous les trente ans. En français, on a souvent tenté d'y apporter des rectifications. La dernière réforme date de 1990. On l'appelle encore aujourd'hui la « nouvelle » orthographe. À chaque fois qu'on a tenté d'apporter des modifications, elles ont échoué. Elles n'ont pratiquement pas été appliquées. Et si elles ont échoué, c'est surtout parce que l'opinion publique s'y est toujours massivement opposée.

L'opinion publique, c'est nous.

QU'EST-CE QUI FAIT QU'UNE FAUTE EST PLUS GRAVE QU'UNE AUTRE ?

J'AI MANGER

J'AI MENGÉ

j'ai
manger

CHANTAL,
J'AI
CHANGER,
REVIENT

OMAR
M'A TUER

J'étais bourré

Union européenne
République française
PASEPORT

TU NE
TUERAS
POING

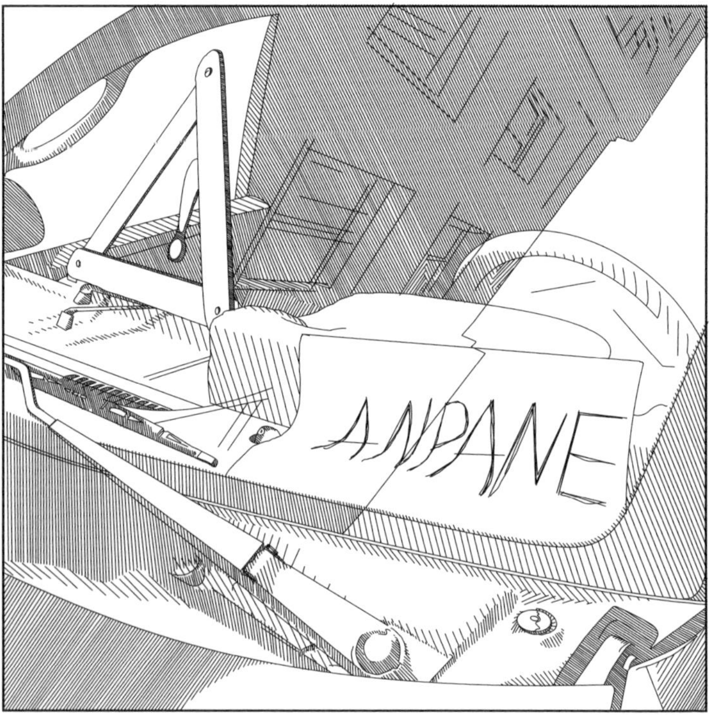
ANPANE

JAI FAIN

QUI DÉTIENT LA NORME ?

L'Académie française ? Elle a toujours affirmé qu'elle enregistrait l'usage, qu'elle consignait les pratiques orthographiques qu'elle observe chez les gens. Mais elle n'a jamais prétendu décider pour eux. Pourtant, aujourd'hui nous faisons encore souvent de l'Académie la référence en matière d'orthographe.

Donc l'Académie se réfère à l'usage des gens...

... et les gens se réfèrent à l'Académie.

En plus, l'Académie travaille trop lentement. Le chantier de la dernière édition du dictionnaire (la neuvième) a débuté au début des années 1980. Bon, là ils approchent de la fin, ils en sont à la lettre *v*.

Il faut aussi savoir que l'Académie n'a pas une approche scientifique de l'orthographe. Il n'y a pas de linguiste à l'Académie française. Un peu comme s'il n'y avait pas de mécanicien au contrôle technique.

Et même quand l'Académie se décide…

En 1908, elle avait proposé qu'on se débarrasse des pluriels en *-oux* de *poux*, *hiboux*, *cailloux*… sans succès. Vous les utilisez toujours.

Alors qui d'autre ? Le dictionnaire ? Lequel ?

Vous savez que l'orthographe de certains mots varie d'un dictionnaire à l'autre ? Avant 1990, trois à quatre-mille mots s'écrivaient différemment entre le Larousse et le Robert. Depuis, les dictionnaires se sont adaptés et ils proposent parfois plusieurs orthographes pour un même mot, par exemple le mot *angrois* qui peut également s'écrire *engrois*.

La norme des dictionnaires est donc plus relative qu'on ne le croit.

L'État français ? En 1989, le gouvernement de Michel Rocard crée le Conseil supérieur de la langue française. Ce conseil, composé de spécialistes et de linguistes, doit, comme son nom l'indique, conseiller ou proposer des réformes, mais n'a jamais eu pour mission d'imposer quoi que ce soit.

Les correcteurs orthographiques des ordinateurs ? On leur fait tous confiance, mais personne ne sait vraiment à qui eux-mêmes se réfèrent.

Ou encore Google ? Google renseigne sur la norme, mais ne la choisit pas. Il oriente l'utilisateur vers les formes les plus répandues statistiquement. Pas parce qu'il a envie que vous écriviez sans fautes. Mais si vous ne trouvez pas la page que vous cherchez, vous ne cliquez pas et si vous ne cliquez pas, Google ne gagne pas d'argent.

Google

LE ROBERT

LAROUSSE

Académie française

Le Littré

Le Trésor de la Langue Française

RÉPUBLIQUE FRANÇAISE

CONSEIL SUPÉRIEUR DE LA LANGUE FRANÇAISE

W

Alors qui décide de la norme ? En fait personne, c'est-à-dire, en réalité, tout le monde.

Nous.

C'est vrai que si on propose un nouveau code graphique[1], ça provoque parfois quelques réticences.

1 www.laconvivialite.com/nous.

DE QUOI A-T-ON PEUR ?

D'abord on a le sentiment qu'on s'attaque à notre héritage.

Si on prend par exemple les marques étymologiques qui viennent du grec et du latin (*ph*, *th* ou certaines consonnes doubles). Y toucher, ce serait s'en prendre à notre patrimoine, d'une certaine manière se couper d'une partie de l'histoire de la langue. Mais cette histoire est largement fantasmée.

Pourquoi a-t-on conservé uniquement les consonnes étymologiques grecques et latines ?

Parce que ça fait classe.

Parce qu'on aimerait croire que le français ne descend que de l'Antiquité. Mais on a évacué sans hésiter les consonnes étymologiques des langues germaniques, de l'arabe ou de l'italien. Pourtant, ces trois langues représentent déjà trente-cinq pour cent des emprunts du français.

Cela dit, il existe des raisons de conserver des traces étymologiques. Par exemple pour distinguer les homophones.

Les homophones sont des mots qui se prononcent de la même façon, comme les mots /san/[1], /san/[2], /san/[3], /san/[4], /san/[5].

On a voulu conserver des traces du latin et du grec dans les mots pour les distinguer les uns des autres (comme le *t* de *cent*, qui vient de *centum*, ou le *g* de *sang*, qui vient de *sanguĕn*).

Cela dit, la plupart du temps, le contexte suffit à éviter ce genre de confusion. Si j'écris *J'ai loué le Seigneur*, personne ne s'interrogera sur le prix du loyer.

En plus, le choix des consonnes étymologiques qu'on a gardées (ou parfois même réintroduites) a été fait sans cohérence ni volonté de système.

Le mot *nénufar* vient de l'ancien arabe *nīlūfar*. Il n'y a aucune raison de lui mettre un *ph*. C'est parce qu'un académicien l'a confondu avec *nymphéa* au début du XXe siècle qu'il lui a attribué un *ph* grec.

Alors que le mot féta...

1 Cent.
2 Sang.
3 Sans.
4 S'en.
5 Sent.

On pourrait systématiquement respecter l'étymologie.

Du latin *stilus*.

Du grec *οἰκονομία*.

Du grec *φάνταγμα*.

En plus, est-ce qu'on peut sérieusement accuser l'italien ou l'espagnol de souffrir d'un déficit culturel ?

En espagnol, on écrit *teléfono* sans *ph*. Ça n'a jamais empêché les Espagnols de faire de l'étymologie et de retrouver les racines *τῆλε* et *φωνή*. Et c'est pareil pour les consonnes doubles :

aprender la gramática en el colegio

Imaginons le français sans consonnes doubles :

Souvent, on a du mal à changer d'orthographe, on s'attache à ces choses-là.

On y est d'autant plus attaché qu'elle remonte à l'enfance. Elle convoque de bons et de mauvais souvenirs. Mon institutrice écrivait encore *clef* avec un *f*. Elle avait dessiné au tableau une clé à la place du *f* pour nous le faire retenir.

Et ça, c'est un bon souvenir.

C'est légitime, avec ce qu'on a tous vécu, de tenir à son orthographe. En fait, c'est le changement qui pose problème : le cerveau a été encodé avec une forme. Mais si on avait appris une autre forme, on y serait tout autant attaché.

En plus, il n'a jamais été question de demander à qui que ce soit de changer d'orthographe. Vous pouvez continuer à écrire *nénufar* avec *ph*, si vous en avez envie. Les réformes, comme celle de 1990 par exemple, proposaient simplement d'enseigner les nouvelles formes à ceux qui n'ont pas encore d'orthographe (les enfants ou les adultes en formation).

Progressivement, une forme aurait remplacé l'autre sans difficulté.

Améliorer l'orthographe ne veut pas non plus dire que le français deviendrait parfaitement phonétique, comme le turc. L'orthographe française n'est pas réformable à ce point.

Les gens invoquent le langage SMS pour stigmatiser un français qui deviendrait entièrement phonétique, illisible. Comme si on allait tous se mettre à écrire comme on veut. Mais il n'a jamais été question de ça dans aucune réforme.

L'argument est excessif.

En plus, le SMS est anarchique, chaotique ou foisonnant. Il ne peut donc pas servir de référence si on veut une orthographe plus cohérente.

Donc la question n'est pas : « Est-ce qu'il faut une norme ? » Évidemment qu'il faut une norme.

La question, c'est : « Quelle norme ? »

On peut aussi donner à l'orthographe une dimension esthétique.

On peut trouver que c'est beau... parce que c'est compliqué.

On peut appeler toutes les absurdités de l'orthographe des subtilités et être fier de cette spécificité de la langue française.

Si on a le droit de trouver qu'une forme est belle et d'avoir envie de la garder, alors on a aussi le droit de la trouver laide.

Pourquoi devrait-on considérer que tout ce qui est dans le dictionnaire est beau ?

Et pourquoi n'essaierait-on pas de rendre ça encore plus beau ?

En 1977, le Collège de 'Pataphysique crée ce qu'il appelle une *orthographe d'apparat*[1] :

Les Membres de la Cocommission de Vêture du Collège de Pataphysique [...] soucieux de mettre en place une « orthographe d'apparat » [...] la fondent sur le très raisonnable principe que tout son est transcrit par un (et un seul) « symbole », lui-même constitué d'un ou plusieurs graphèmes. Se fondant sur ce sain principe, et ne lui donnant comme condition que l'attestation de ce symbole dans la « graphie vulgaire », les doctes Pataphysiciens décident des transcriptions suivantes :

/A/ sera noté par *igt* (comme dans *doigt*) ; – /P/ sera noté par *b* (comme dans *obscène*) ; – /R/ sera noté *rrh* (comme dans *logorrhée*) ; – /O/ sera noté par *ü* (comme dans *capharnaüm*) ; – /T/ sera noté par *ght* (comme dans *night-club*) ; – /G/ sera noté par *c* (comme dans *second*) [...].

Ce qui donne pour *Projet d'orthographe d'apparat* :

BRRHÜSGË GD
ÜRRHGHTÜCRRHIGTPH GD
IGTBIGTRRHIGT

1 Collège de 'Pataphysique, Cocommission de vêture, *Brrhüsgë gd Ürrhghtücrrhigtph gd igtbigtrrhigt*, Courtaumont, Cymbalum Pataphysicum, coll. « Hermès », 1977, p. 4.

Ce qui fait la richesse de la langue française, c'est surtout le vocabulaire, la syntaxe, la morphologie, la ponctuation. Bref, tout ce qui rend la langue plus complexe. Mais il ne faut pas confondre ce qui est complexe et ce qui est inutilement compliqué. Beaucoup de gens défendent une orthographe traditionnelle pour de bonnes raisons, parce qu'ils pensent honnêtement défendre la langue française, et c'est tout à fait noble. Mais l'orthographe, ce n'est pas la langue, c'est l'écriture de la langue. Un puriste, c'est quelqu'un qui veut écrire comme il y a cent-cinquante ans, c'est tout. En fait il veut qu'on écrive tous comme il y a cent-cinquante ans. Et pour toujours. Et si faire évoluer l'orthographe, c'était défendre la langue ? Parce que ça la rapproche de ceux qui la pratiquent.

Il existe encore une raison de défendre une orthographe compliquée : le sens de l'effort.

Comme c'est compliqué, c'est exigeant. Et cette exigence apprend à nos enfants à se dépasser. Les gens ont l'impression que si on simplifie, on va faire moins d'efforts. Mais on ne va pas faire moins, on va faire mieux.

Évidemment, c'est difficile de dire à ceux qui ont souffert qu'ils ont souffert pour rien.

Tout le temps de mémorisation mécanique d'exceptions ânonnées[1] pourrait être converti en temps de découverte, de pratique et de réflexion ou d'histoire de la langue.

La simplification de l'orthographe constitue un nivèlement par le haut.

1

LE NIVEAU BAISSE.

BON ÇA FAIT 6 000 ANS QU'ON DIT ÇA, « LE NIVEAU BAISSE ».
OK. MAIS LES CHIFFRES PROUVENT QUE LE NIVEAU D'ORTHOGRAPHE N'A FAIT QUE BAISSER.
EN TOUT CAS DEPUIS LES ANNÉES 80.
MA GRAND-MÈRE, ELLE A ARRÊTÉ L'ÉCOLE À 14 ANS ET ELLE AVAIT UNE ORTHOGRAPHE IMPECCABLE.

OUAIS, MAIS CE QUE T'OUBLIES C'EST QUE TA GRAND-MÈRE, ELLE FAISAIT PRATIQUEMENT QUE DE L'ORTHOGRAPHE À L'ÉCOLE.
SI LE NIVEAU BAISSE, C'EST P'T-ÊTRE PARCE QU'ON CONSACRE DE MOINS EN MOINS DE TEMPS À L'ORTHOGRAPHE.

EN PLUS, POUR ENSEIGNER CETTE ORTHOGRAPHE, ON A INVENTÉ UN OUTIL ENCORE PLUS COMPLIQUÉ QUE LES PROBLÈMES À RÉSOUDRE...
LA GRAMMAIRE SCOLAIRE.

C'EST DINGUE, TOUT LE MONDE PENSE QUE LA GRAMMAIRE SCOLAIRE PERMET DE BIEN COMPRENDRE COMMENT LA LANGUE FONCTIONNE.
MAIS ELLE N'EST PAS SCIENTIFIQUE.
IMAGINE ALBERT EINSTEIN EN CHAIRE UNIVERSITAIRE QUI ANNONCE :
E=MC²
SAUF...
ET BAM !
20 PAGES D'EXCEPTIONS !

TU VOIS, LA GRAMMAIRE SCOLAIRE C'EST UNE MÉTHODE D'ENSEIGNEMENT, C'EST PAS DE LA SCIENCE, ÇA NE SERT QU'À ÉVITER DE FAIRE DES FAUTES.
LE COMPLÉMENT D'OBJET DIRECT, PAR EXEMPLE. EH BEN ÇA NE SERT QU'À FAIRE L'ACCORD DU PARTICIPE PASSÉ.
C'EST TOUT.

LES SCIENTIFIQUES, EUX, FONT DE LA LINGUISTIQUE. ILS ÉTUDIENT LA LANGUE COMME UN BIOLOGISTE ÉTUDIE LES ÊTRES VIVANTS,
EN OBSERVANT.
« LA LINGUISTIQUE EST LA DISCIPLINE S'INTÉRESSANT À L'ÉTUDE DU LANGAGE. ELLE SE DISTINGUE DE LA GRAMMAIRE, DANS LA MESURE OÙ ELLE N'EST PAS PRESCRIPTIVE, MAIS DESCRIPTIVE. »

UN LINGUISTE, C'EST PAS QUELQU'UN QUI TE DIT COMMENT ÉCRIRE SANS FAUTES, C'EST QUELQU'UN QUI T'EXPLIQUE COMMENT LA LANGUE FONCTIONNE. PAR EXEMPLE, COMBIEN Y'A DE VOYELLES EN FRANÇAIS ?
BEN 5.

EN FAIT, IL Y EN A 16. T'OUBLIES LE É, LE È, LE IN, LE OU, LE EU... SI TU LES OUBLIES, C'EST PARCE QU'À L'ÉCOLE, T'AS FAIT PRATIQUEMENT QUE D'L'ÉCRIT. MAIS LA LANGUE, ELLE EST D'ABORD ORALE.

DONC LA LINGUISTIQUE SE CONTENTE DE DÉCRIRE LA LANGUE TELLE QU'ELLE EST...
... PAS TELLE QU'ELLE DEVRAIT ÊTRE.

CELA DIT, AUJOURD'HUI À L'ÉCOLE, ON FAIT VACHEMENT MOINS DE GRAMMAIRE.
OUAIS, MAIS C'EST AUSSI PARCE QU'ON FAIT PLEIN D'AUTRES TRUCS.

SI ON VEUT REVENIR AU NIVEAU D'ORTHOGRAPHE DE NOS GRAND-MÈRES, LA QUESTION C'EST : « QU'EST-CE QU'ON LAISSE TOMBER ? » LES SCIENCES, LES LANGUES, L'INFORMATIQUE... ?
T'ES EN TRAIN DE ME DIRE QUE SI LE NIVEAU BAISSE, C'EST POUR DE BONNES RAISONS ?
BEN OUAIS, PEUT-ÊTRE.
À L'ÉPOQUE, ON SE DEMANDAIT COMMENT ÉCRIRE SANS FAUTES, MAIS ON SE DEMANDAIT PAS SOUVENT POURQUOI.

MOI NON PLUS J'ME DEMANDAIS PAS POURQUOI, J'ME DEMANDAIS SURTOUT COMBIEN.
COMBIEN ?

... COMBIEN DE POINTS J'ALLAIS PERDRE. C'EST PAS VRAIMENT LE FAIT DE NE PAS ÊTRE COMPRIS QUI ME PRÉOCCUPAIT. C'EST SOUVENT POUR DES POINTS OU POUR SATISFAIRE MES PARENTS QUE JE FLIPPAIS.
À CET ÂGE-LÀ, JE SAVAIS CE QUI RENDAIT UNE FAUTE PLUS GRAVE QU'UNE AUTRE : C'EST CE QU'ELLE COUTAIT EN POINTS.
LA DICTÉE, C'EST UN PEU COMME SI, POUR T'APPRENDRE À CONDUIRE, L'INSTRUCTEUR DE L'AUTOÉCOLE TE COLLAIT DES CONTRAVENTIONS.

LE JOUR OÙ C'EST LE CODE DE LA ROUTE QUI PROVOQUE LES ACCIDENTS, ON L'ADAPTE, PUTAIN.
T'IMAGINES, UNE DICTÉE OÙ Y'AURAIT PAS MOYEN DE FAIRE DE FAUTES. OÙ TOUT S'ÉCRIT COMME ÇA SE PRONONCE. OÙ Y'A PAS DE CONSONNES MUETTES, PAS DE CONSONNES DOUBLES. OÙ Y'A QU'UNE SEULE MANIÈRE D'ÉCRIRE CHAQUE SON ET C'EST LA PLUS COURANTE. UNE SORTE DE DICTÉE TRANSPARENTE.
Y'A TOUJOURS MOYEN DE FAIRE DES FAUTES.
FINALEMENT, À QUOI ÇA SERT UNE DICTÉE À PART À FAIRE DES FAUTES ?

EN PLUS, À L'ÉCOLE, ON CONFOND CARRÉMENT CE QUE TU FAIS ET CE QUE TU ES : « IL FAIT DES FAUTES, IL EST DISTRAIT. »
ET PUIS, C'EST PAS DES ERREURS, C'EST
DES FAUTES…

TU SAVAIS QUE DANS CERTAINS MANUELS DE FRANÇAIS, AUJOURD'HUI, IL EST MIS QUE L'ENFANT DOIT ÊTRE DANS ÉTAT DE VIGILANCE ORTHOGRAPHIQUE PERMANENT.
DONC EN GROS, IL SERAIT DANGEREUX DE NE PAS CONSTAMMENT SURVEILLER SON ORTHOGRAPHE.
MAIS SI TU SURVEILLES CONSTAMMENT TON ORTHOGRAPHE, TON CERVEAU, IL EST PLUS DISPONIBLE POUR RIEN D'AUTRE ! ON PEUT PAS SIMULTANÉMENT PENSER À CE QU'ON VEUT DIRE ET À LA MANIÈRE DE L'ÉCRIRE.

L'INSÉCURITÉ LINGUISTIQUE.
QUOI ?
L'INSÉCURITÉ LINGUISTIQUE, C'EST CE QUI PROVOQUE CETTE PETITE PEUR QUE T'AS, PARFOIS, QUAND T'APPUIES SUR LE BOUTON « ENVOYER » DE LA BOITE MAIL.
DU COUP, TU DÉVELOPPES DES STRATÉGIES. DES FOIS, QUAND JE SAVAIS PAS COMMENT UN MOT S'ÉCRIVAIT, J'EN CHERCHAIS UN AUTRE. JE POUVAIS PAS UTILISER LE BON MOT À CAUSE DE SON ORTHOGRAPHE !

MOI J'FAISAIS PAS COMME ÇA, MOI J'FAISAIS UN PÂTÉ.
QUAND J'DEVAIS ÉCRIRE CHARRIOT, PAR EXEMPLE, J'FAISAIS UN TRUC TOUT POURRI AU MILIEU DU MOT.
COMME ÇA, SI LE PROF VEUT VOIR UN R, Y'EN A UN, S'IL VEUT EN VOIR DEUX, Y'EN A DEUX.

Le 31/03/9?

Soin -2 !!

Français, accord du P P

4,5 / 10

1) Le vieux chariot a (transporté) des bûches. Le nouveau n'en a pas (transportés) : il est accidenté

donnés : ~~s'accorde avec en mit pour~~ bûches du m pl

2) Voici les documents que vous avez (souhaité) recevoir.

X invariable car il est suivit d'un infinitif

3) Cette fable que j'ai (récitée) pour la fêtre de ma grand-mère, je me (la) suis (rappelée) avec emotion

4) Que de renceignements j'ai (tirés) des livres que voici.

0,5 auxiliaire avoir s'accorde avec le CD du verbe qui est placés avant (renceignements du m pl)

5) Ma passion de la lecture est plus forte que vous ne l'aviez (pensé), voyez cette pile de livres que j'ai (lus) en quelque semaine

j'ai lu les livres et pas la pile

S'accorde avec le CDV ~~elle pour~~ livre du m pl

6) Vous ne revendrez pas votre voiture le prise qu'elle vous (coutée ~~elle mis pour~~ voiture du f s)

s'accorde ~~avec~~ CDV

Beaucoup d'enseignants utilisent aujourd'hui d'autres méthodes que la dictée traditionnelle pour enseigner l'orthographe. On a même développé des trésors d'ingéniosité pédagogique pour enseigner l'orthographe. Mais si l'orthographe, elle-même, ne change pas, alors on dépense peut-être beaucoup d'énergie pour enseigner quelque chose qui n'en vaut pas la peine.

En plus, les profs de français ont souvent reçu la formation nécessaire pour relativiser l'orthographe. Mais ils sont parfois obligés de rester intransigeants, de peur de passer pour des incompétents.

On a fait d'eux les curés de la langue.

C'est vraiment changer la langue en effaçant les traces, comme s'il ne devait rien subsister du passé dans le présent. C'est, encore une fois, une émeute des vivants contre les morts.

Alain Finkielkraut.

La réforme de l'orthographe, c'est la diminution du langage. Il y avait ce projet de réforme débile. Fallait-il être inculte pour promouvoir une telle initiative.

Raphaël Enthoven.

Toutes ces exceptions, il me semble que cela apprend à penser, tout simplement.

Élisabeth Lévy.

On ne facilitera pas le travail des enseignants de français ou des professeurs des écoles en introduisant dans les esprits des élèves l'idée que ces règles qu'ils essaient de transmettre sont discutables.

François Bayrou.

Et vous vous souciâtes même de l'accent circonflexe, virgule... ET VOUS VOUS SOUCIÂTES MÊME DE L'ACCENT CIRCONFLEXE !

Bernard Pivot.

À QUOI SERT L'ORTHOGRAPHE ?

La question de l'orthographe touche aussi celle de l'accès à l'emploi. Dans ces cas-là, aujourd'hui on sait ce que coute une faute. Et vous imaginez, si ce n'est pas votre langue maternelle. Ou si vous êtes dyslexique... On utilise aussi souvent l'orthographe pour disqualifier une pensée. Sur Internet, on lit régulièrement des commentaires du genre : « Va d'abord soigner ton orthographe et après tu te permettras de donner ton avis. » Donc on interdit à quelqu'un de s'exprimer à cause de son orthographe.

On est donc face à une forme de discrimination, que tout le monde trouve légitime, à droite comme à gauche, chez les conservateurs comme chez les progressistes. C'est quand même un sujet qui a mis d'accord *Le Canard enchaîné* et *Le Figaro*. Même ceux qui subissent cette discrimination la trouvent légitime. Et celà n'est possible que si cette orthographe est sacrée. *Le Bon Usage* devient la Bible. Tout ce qui s'y trouve est parole d'évangile. Si c'est dans *Bescherelle*, ainsi soit-il.

Simplifier l'orthographe, ce serait appauvrir la langue. Ce qui veut dire lui faire perdre de la valeur. Mais de quelle valeur parle-t-on ? On ne parle pas de la valeur de l'orthographe ici, on parle de valeur tout court. Quand vous faites une faute, on ne juge pas votre orthographe, on vous juge vous, sur la base de votre orthographe. De quoi a-t-on envie ? Est-ce qu'on veut un outil pour pratiquer la langue ou un objet de prestige ? Un enseignement d'excellence pour que cet outil puisse être maitrisé, par tous, ou une compétition sur des exceptions ? Finalement, est-ce qu'on veut enseigner ou inculquer une orthographe ?

Le marteau est un outil percuteur, servant à aplatir une plaque de métal ou à enfoncer un clou, il agit par inertie, augmentée par la longueur du manche et celle du bras du manipulateur. Il est composé d'un angrois/engrois, d'un œil, d'une table et d'une panne qui en constituent la tête, et d'un manche. Il remonte, comme le couteau, à la plus ancienne préhistoire.

Imaginez que ça s'arrête là : la description de l'outil. On passe des heures et des heures à décrire l'outil. On vous demande de temps en temps d'enfoncer un clou. Mais on ne vous demande pratiquement jamais ce que vous avez envie de construire.

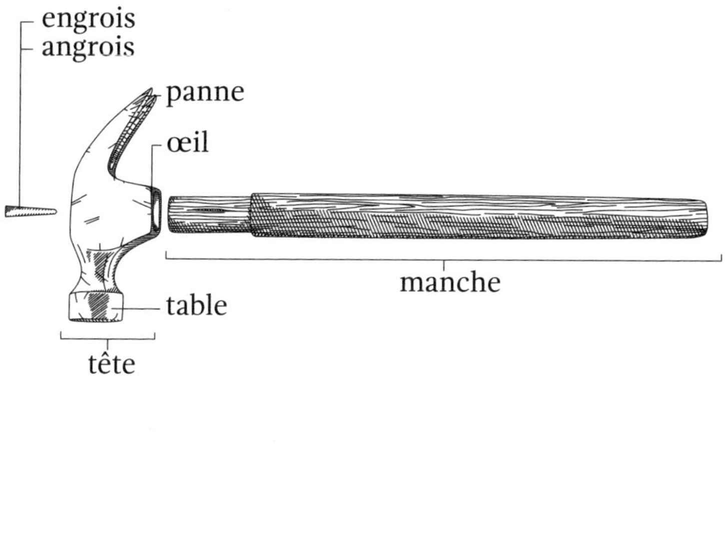
engrois
angrois
panne
œil
table
tête
manche

Quand un outil n'est plus au service de l'homme, mais que c'est l'homme qui est au service de l'outil, cet outil a alors dépassé ce qu'on appelle son seuil de convivialité.

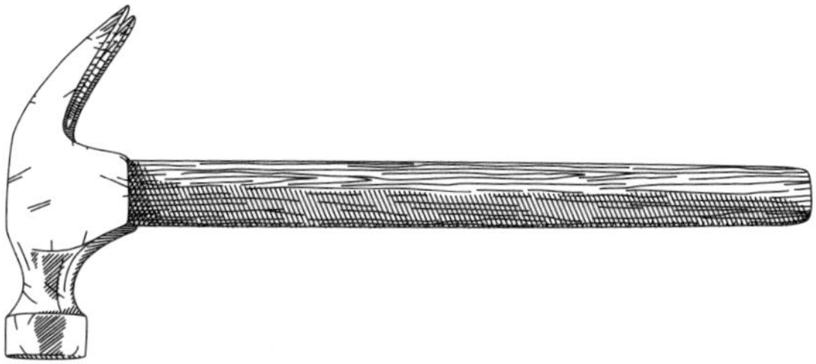

ÉPILOGUE

Rêvons : ce que permettra l'informatique, je l'espère du moins, c'est une autre attitude humaine, une appropriation nouvelle et plus familière de la langue et en particulier de l'écriture, désacralisée, un rapprochement constant et aisé entre l'oral et l'écrit, et c'est cela qu'il s'agit de préparer. Pas une machine en soi, mais une machine pour tous. Un homme qui a une machine, comme un cheval à sa disposition, il se sent mieux. Voici venir le temps de l'écriture pour tous. Voici venir le temps ou l'écrivain public sera tout le monde.

Nina Catach, 1989.

BIBLIOGRAPHIE

BLANCHET Philippe, *Discriminations : combattre la glottophobie*, Paris, Textuel, 2016.

CATACH Nina, *Les Délires de l'orthographe : en forme de dictionaire*, Paris, Plon, 1989.

CHERVEL André, *L'Orthographe en crise à l'école : et si l'histoire montrait le chemin ?*, Paris, Retz, 2008.

CLOSETS (DE), François, *Zéro Faute : l'orthographe, une passion française*, Paris, Mille et Une Nuits, 2009.

ILLICH Ivan, *La Convivialité*, Paris, Seuil, 1973.

KELLER Monika, *La Réforme de l'orthographe : un siècle de débats et de querelles*, Paris, Conseil international de la langue française, 1998.

KLINKENBERG Jean-Marie, *La Langue dans la cité : vivre et penser l'équité culturelle*, Bruxelles, Les Impressions Nouvelles, 2015.

LEGROS Georges et MOREAU Marie-Louise, *Orthographe : qui a peur de la réforme ?*, Bruxelles,Fédération Wallonie-Bruxelles, Service de la langue française, 2012.

MANESSE Danièle et COGIS Danièle, *Orthographe : à qui la faute ?*, Issy-les-Moulineaux, ESF, 2007.

PEETERS Benoît, extrait du DVD *Le Français dans tous ses états*, Bruxelles, Les Impressions Nouvelles, 2002.

WILMET Marc, *Grammaire critique du français*, Paris, Hachette Supérieur/Duculot, Louvain-la-Neuve, 1997.

WILMET Marc, *Petite histoire de l'orthographe française*, Bruxelles, Académie royale de Belgique, 2015.

Arnaud Hoedt a étudié la linguistique et répond toujours « tu viens de le faire » à la question « est-ce que ça se dit ? ». Il est professeur de français à Bruxelles et a participé à la rédaction des programmes de français en Belgique.

Jérôme Piron est professeur de religion catholique dans la même école. Il est monté pour la première fois sur scène dans le palais des Papes à Avignon pour le spectacle *Cour d'Honneur* de Jérôme Bel.

Kevin Matagne a été laborantin dans une usine de chaux, restaurateur de meubles, programmeur, professeur de photo, églomiseur, doreur, réalisateur de films d'animation, sculpteur en image de synthèse... Il est actuellement designer et dessinateur de BD.

Achevé d'imprimer en septembre 2017
sur Magno Natural 140 g
sur les presses de l'imprimerie Sepec
à Péronnas, France - 08374170649.
Photogravure : Graphium, Saint-Ouen.

IMPRIM'VERT®